Dinosaurio

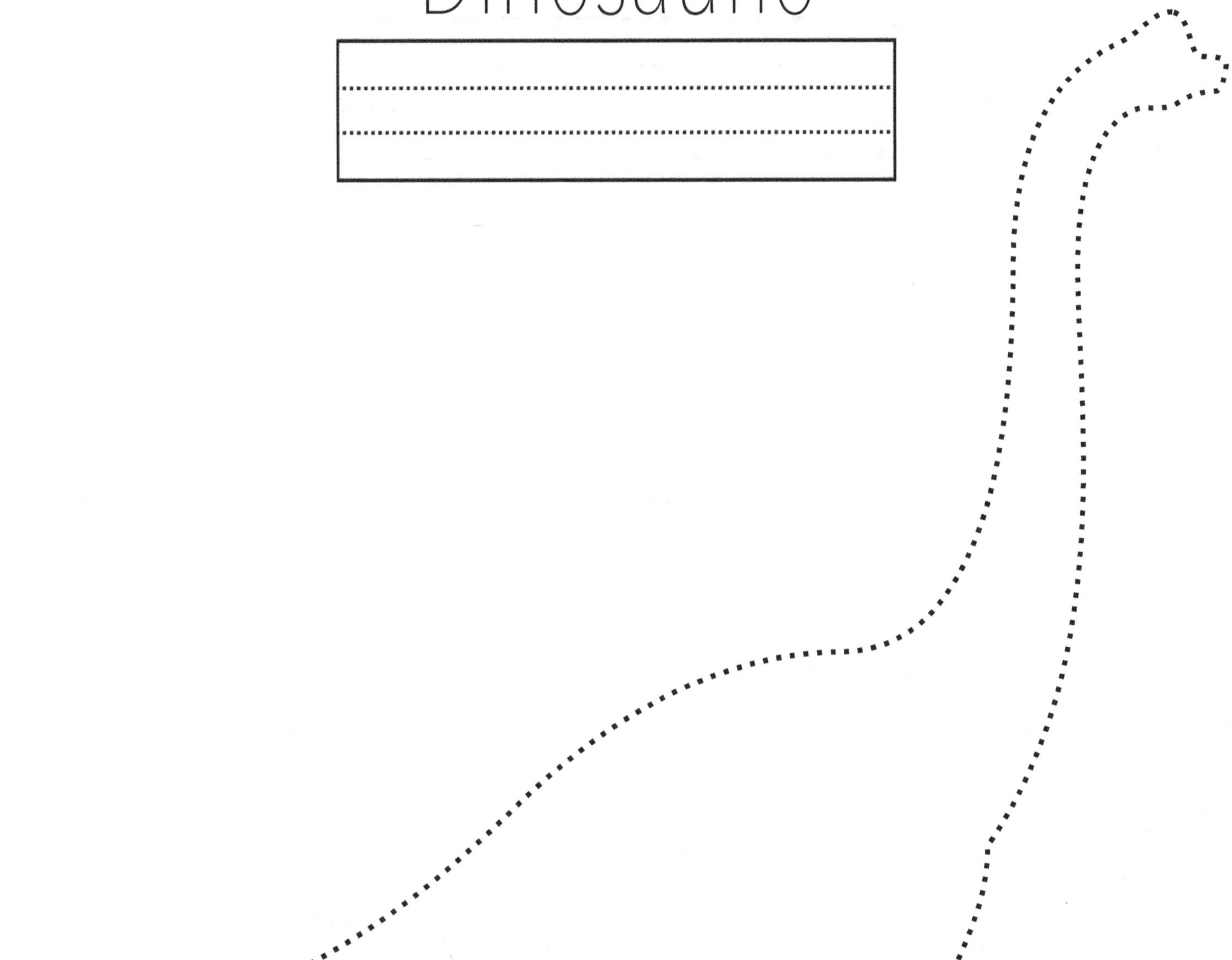

ISBN:978-1-0879-0403-0   Copyright©2020   Autor: Victor Castillo

Caballo

Vaca

Araña

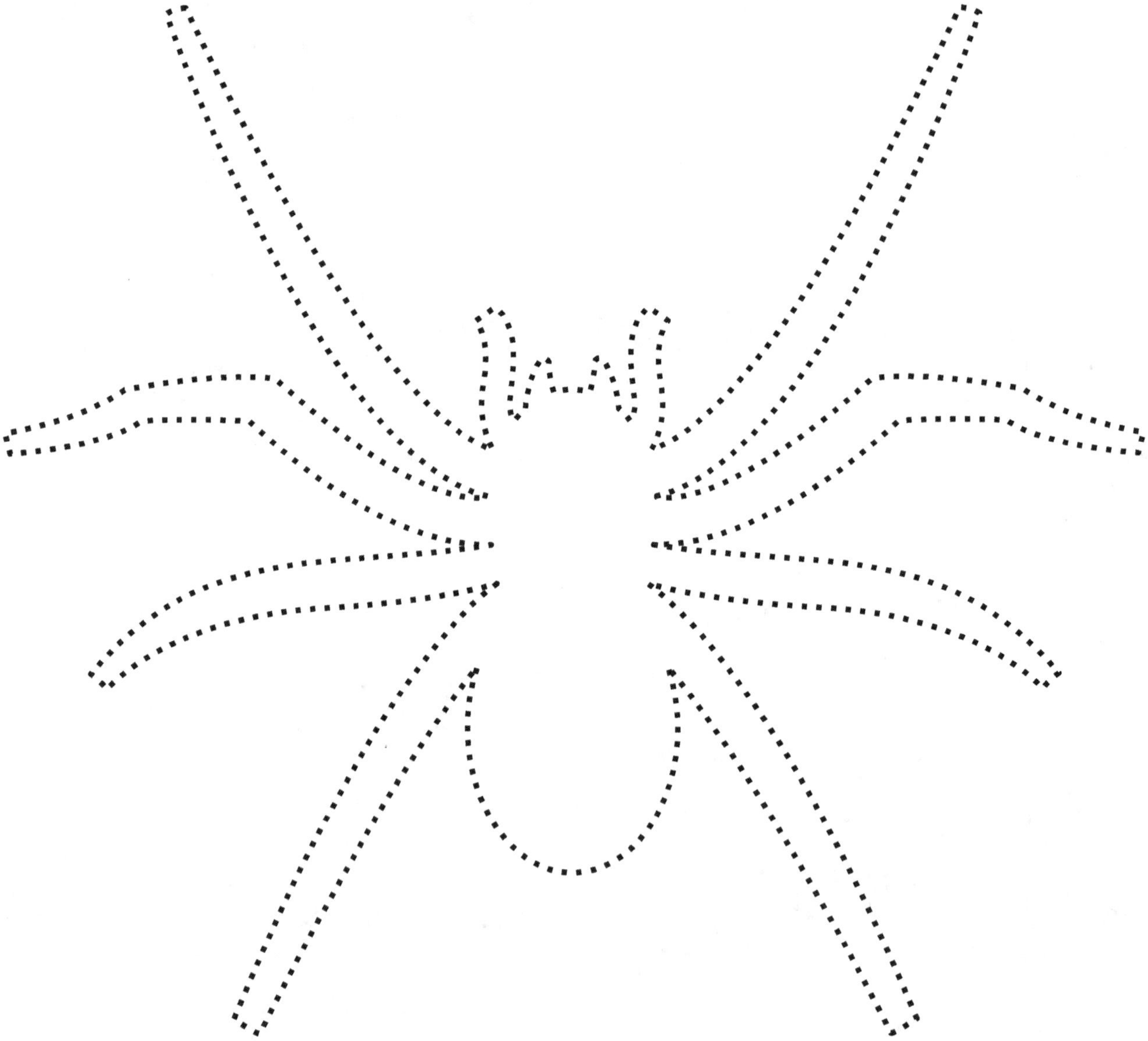

Caracol

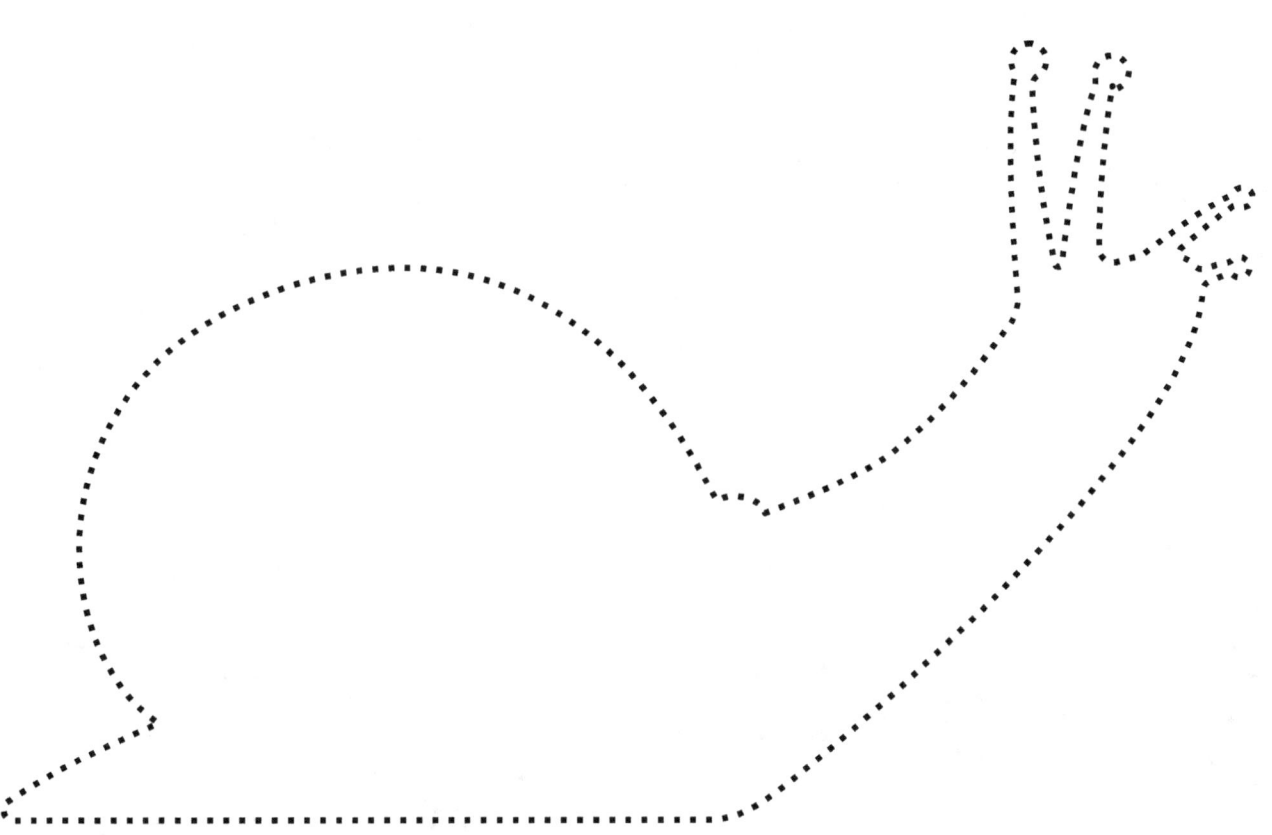

Cerdo

Oveja

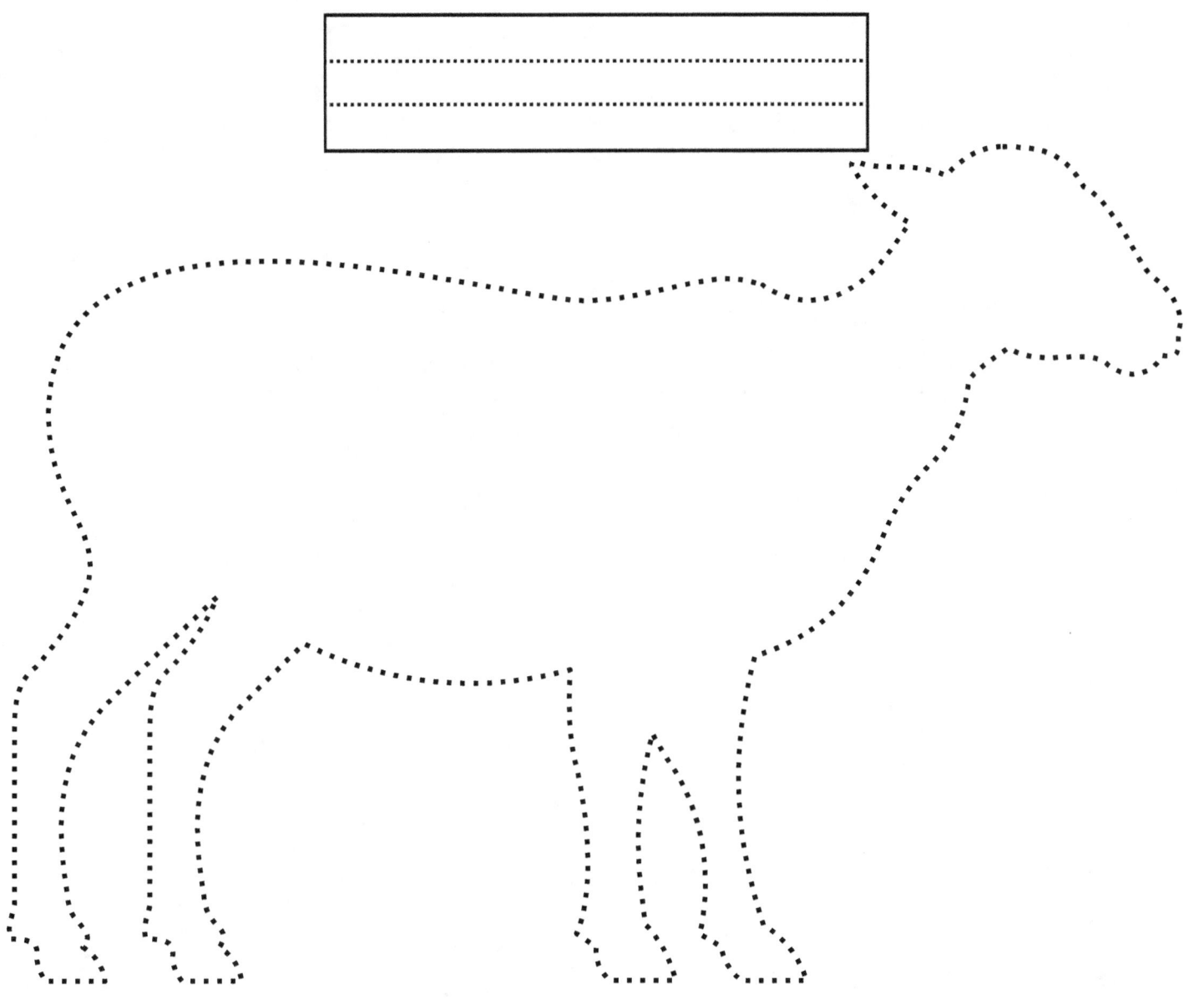

Mosca

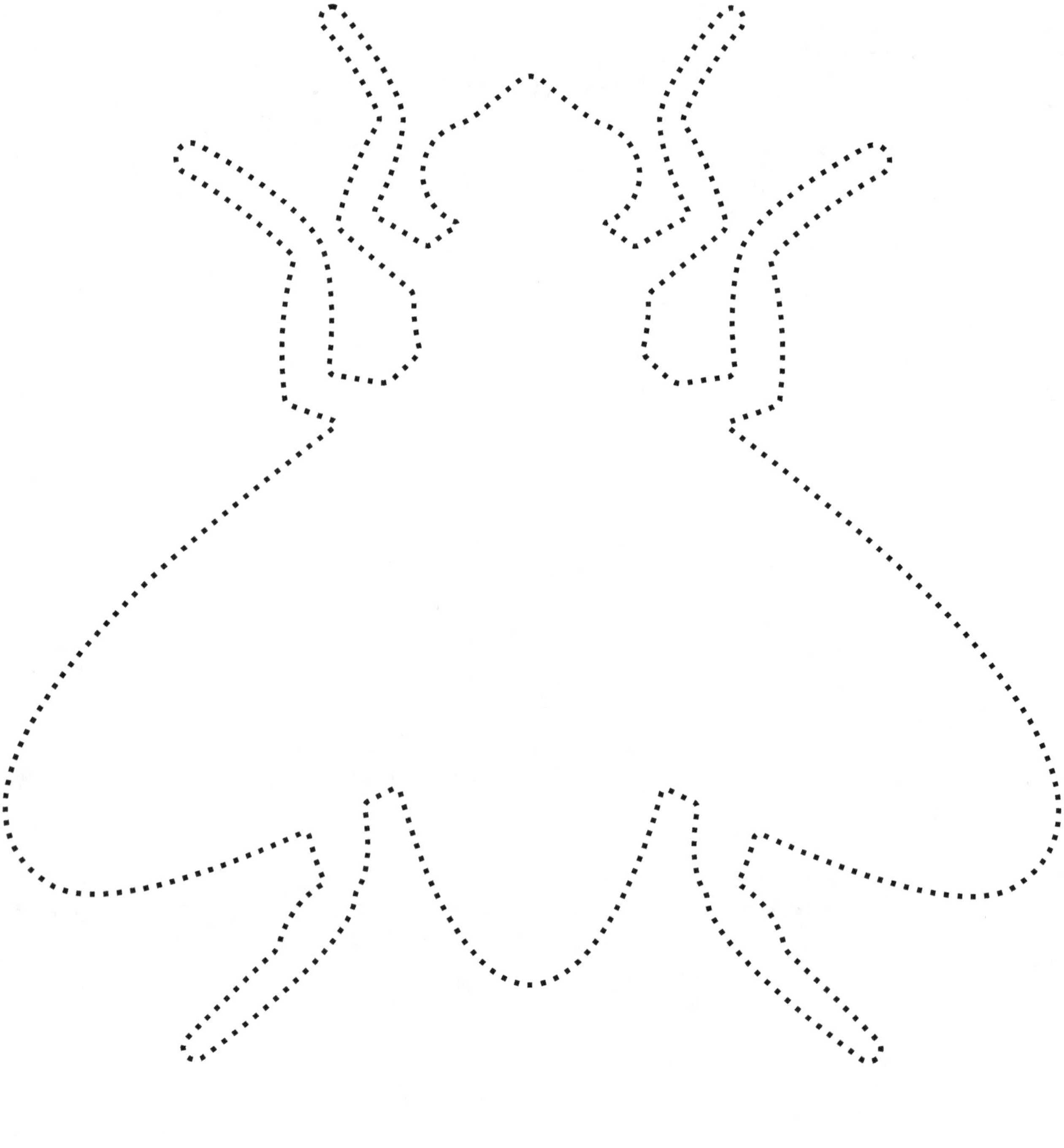

Mariposa

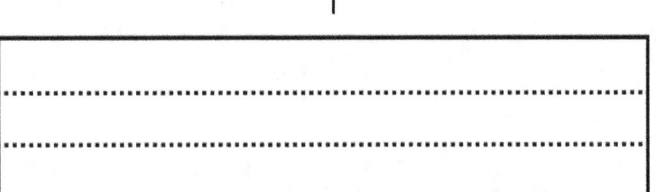

Burro

Cabra

Hormiga

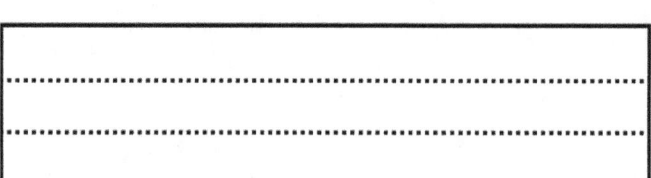

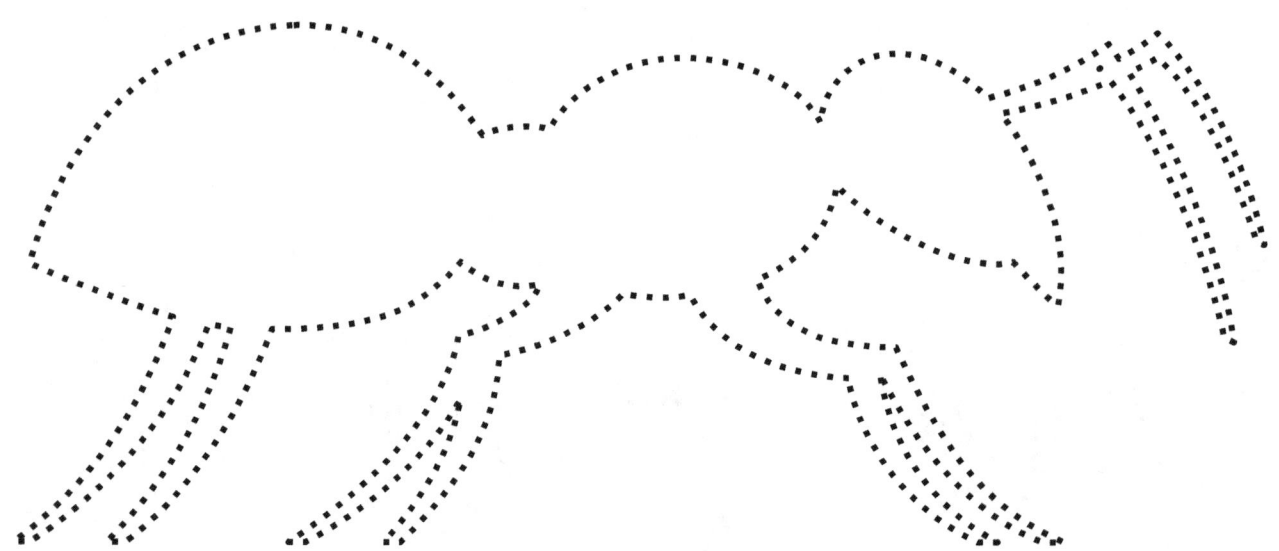

Toro

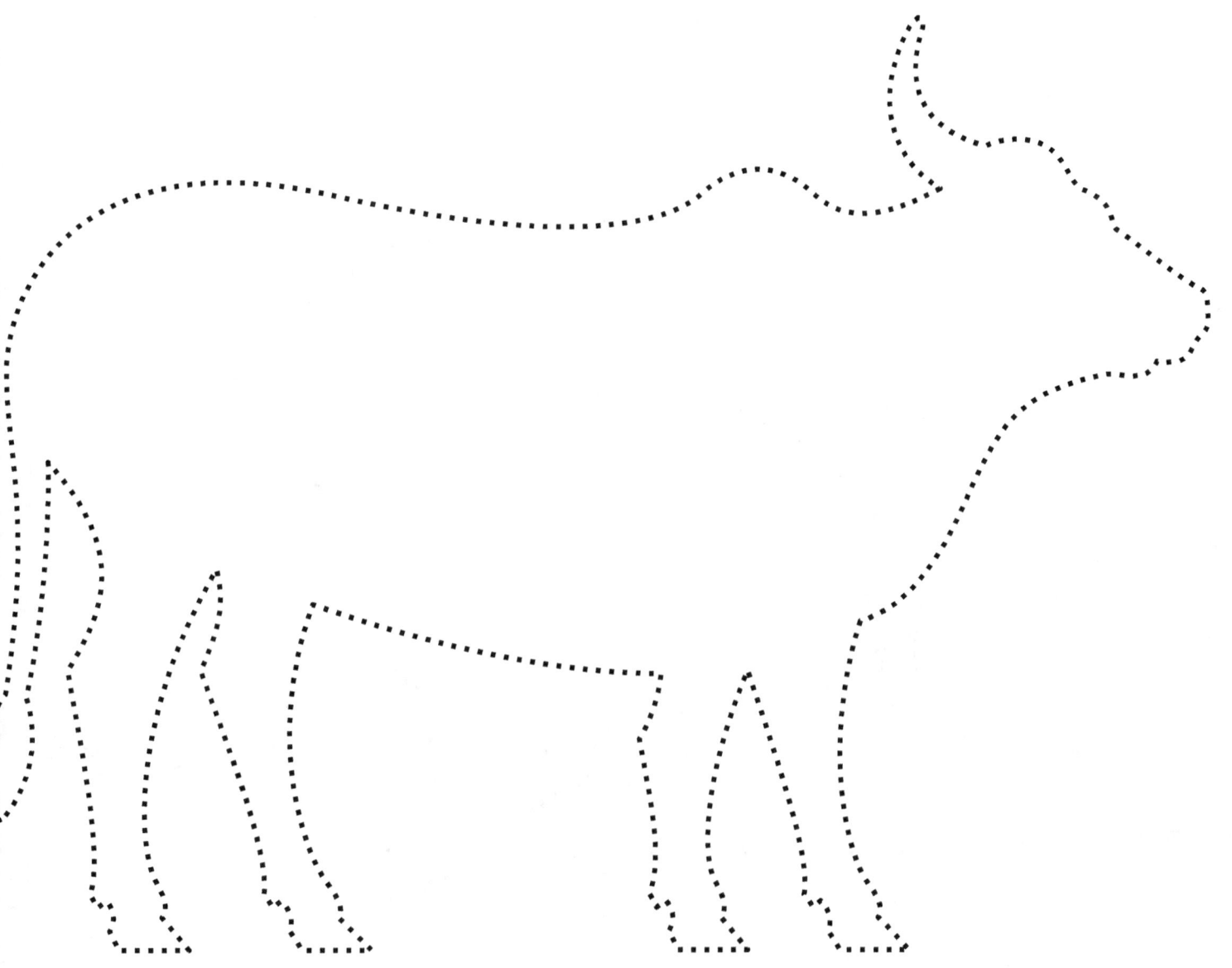

Conejo

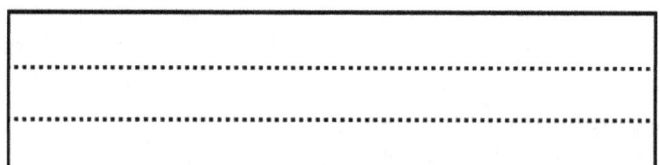

Gallina

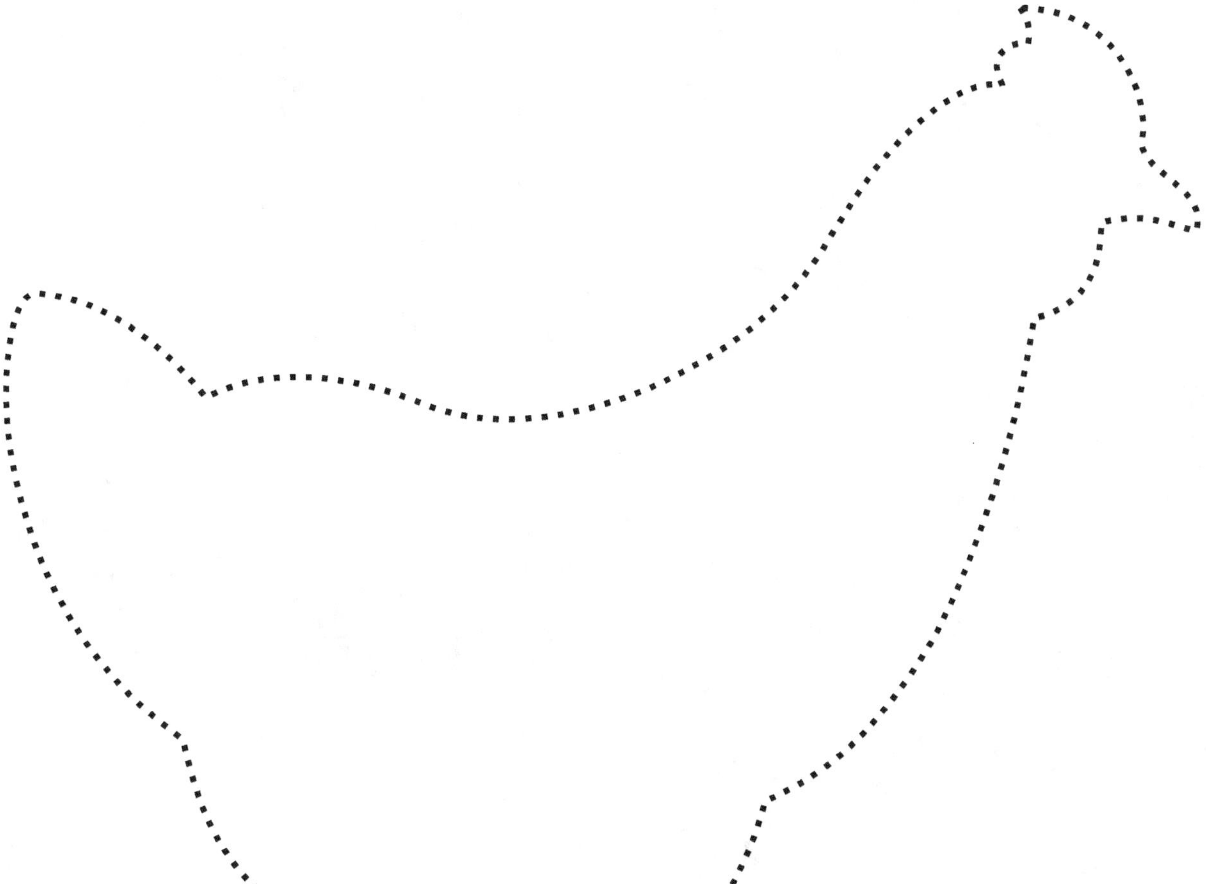

Gallo

Pavo

Lagarto

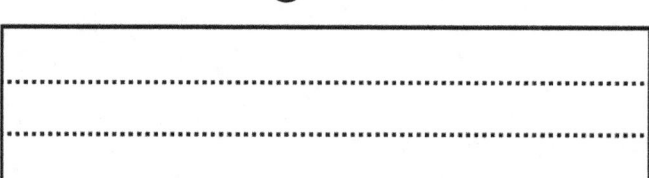

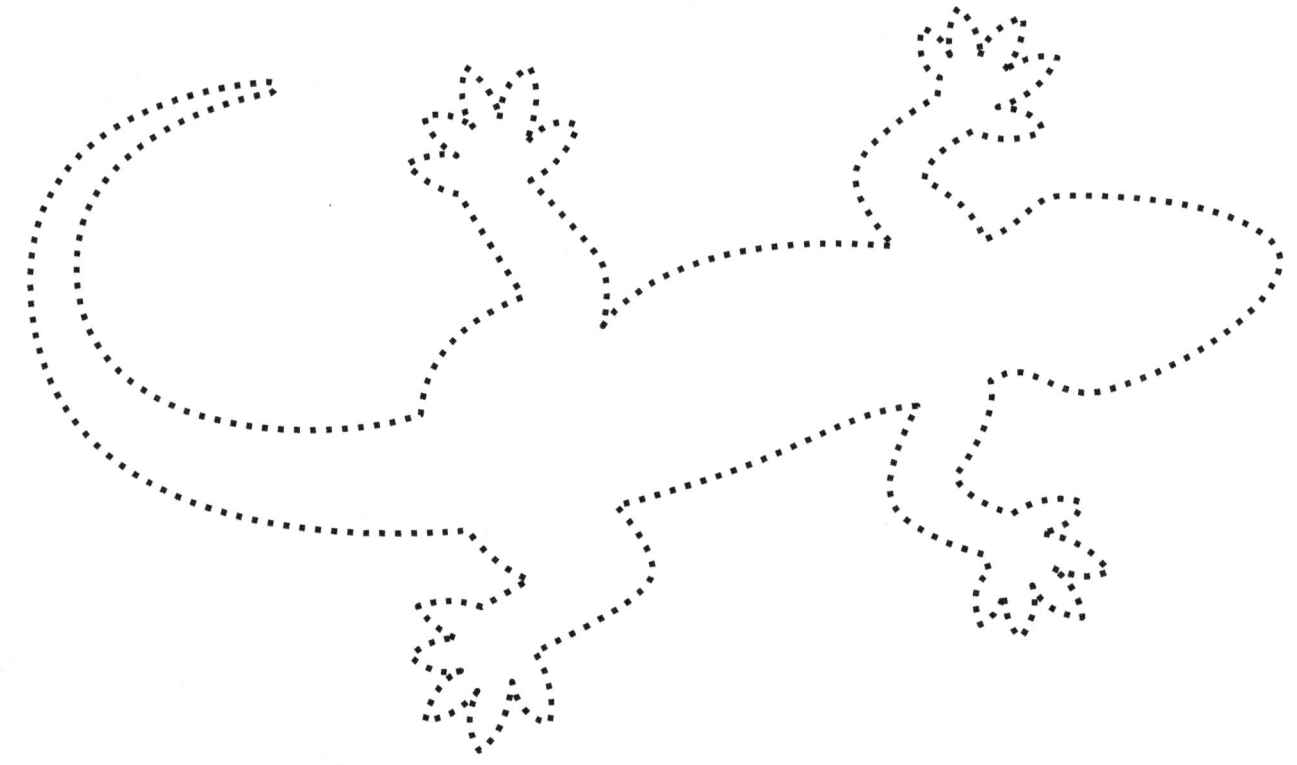

Serpiente

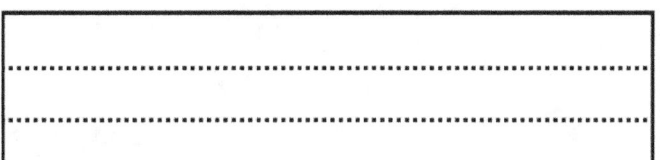

Pato

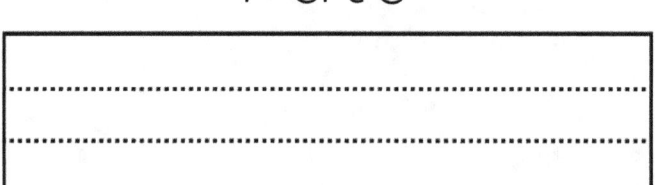

Ganzo

Pelícano

Búho

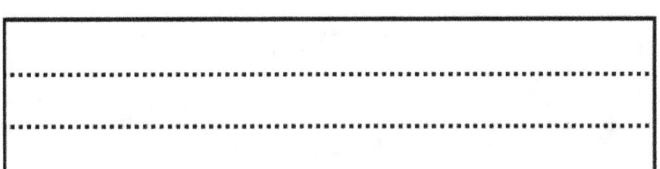

Estrella de Mar

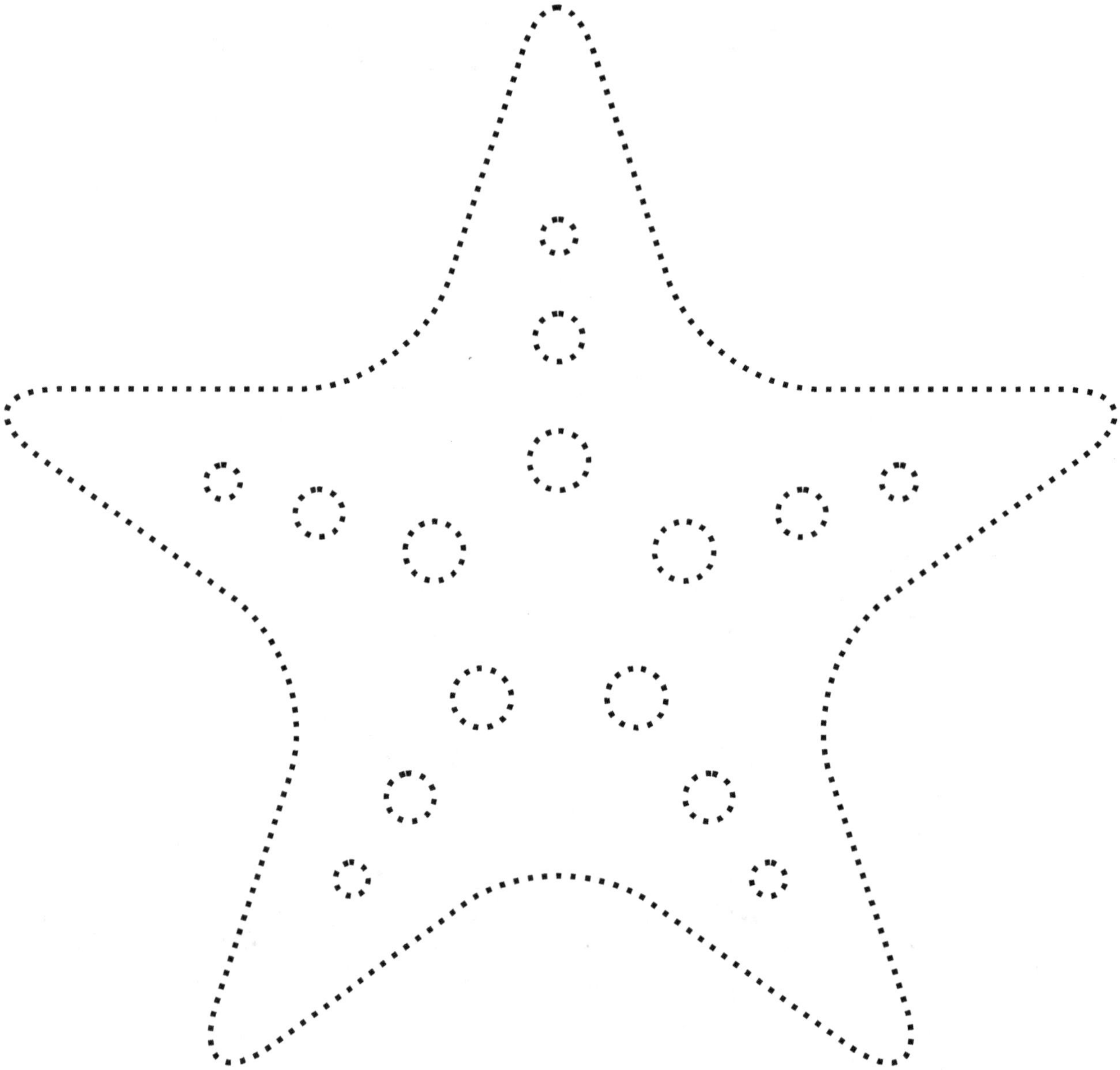

Murciélago

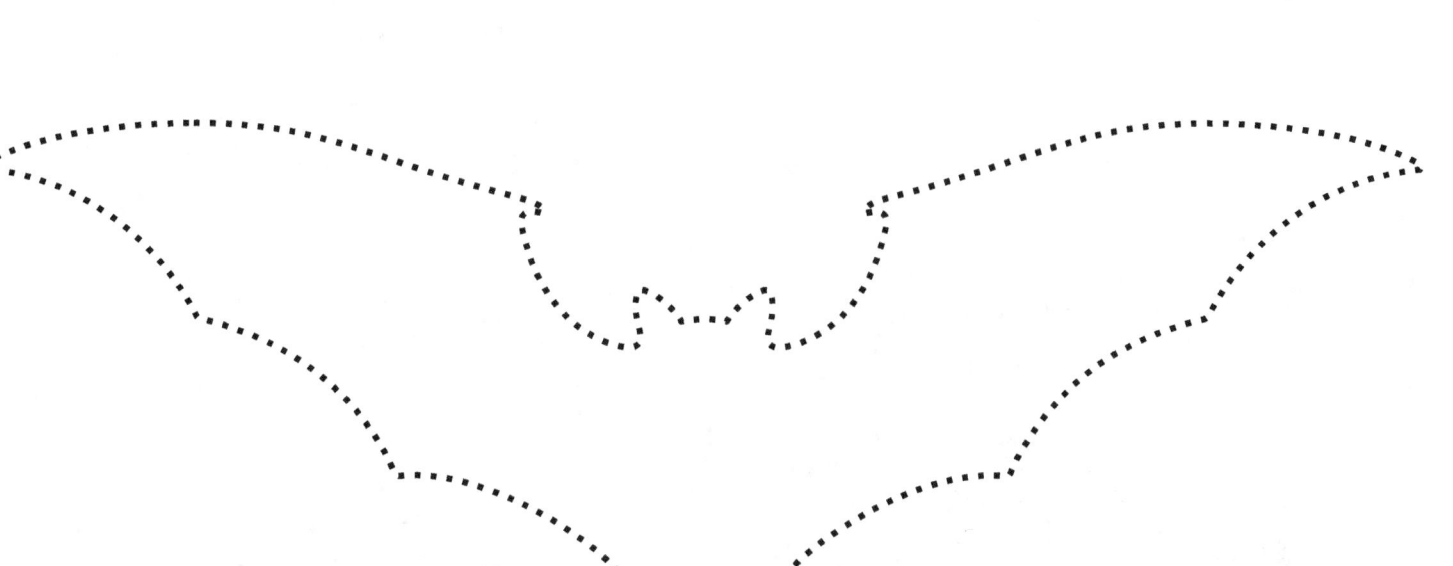

Pulpo

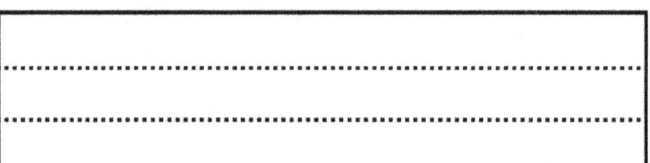

Perro

Lobo

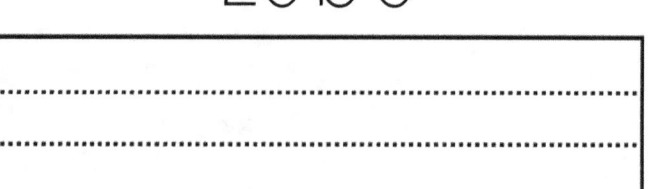

Gato

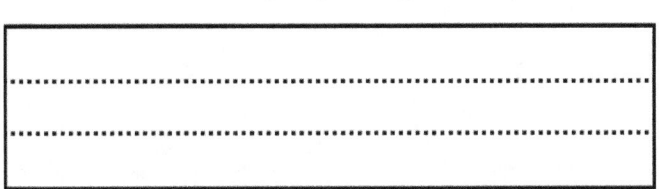

Venado

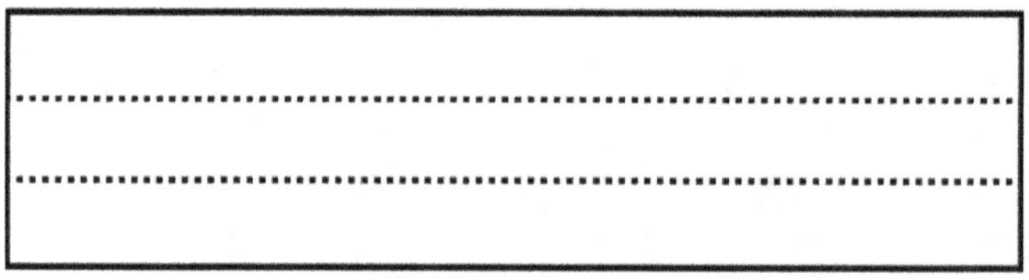

Oso

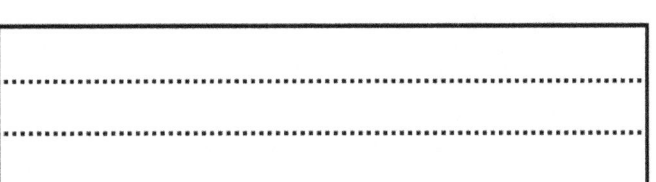

Ardilla

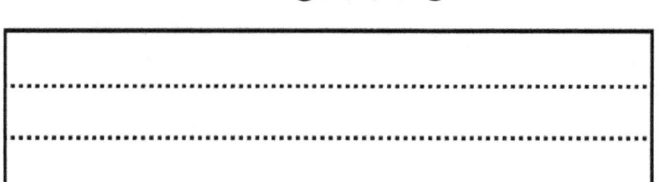

Rata

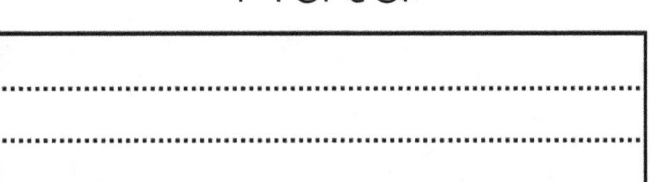

Gorila

Mono

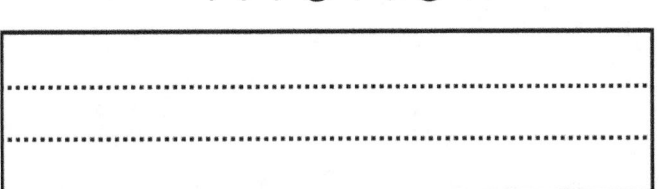

Elefante

León

Tigre

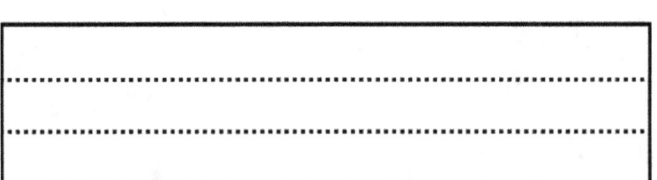

Jirafa

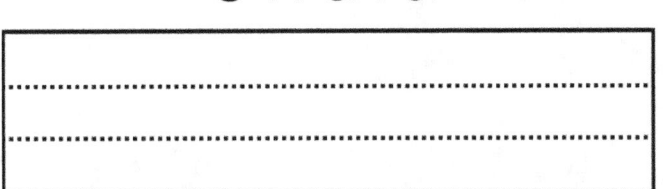

Camello

Rinoceronte

Hipopótamo

Cebra

Canguro

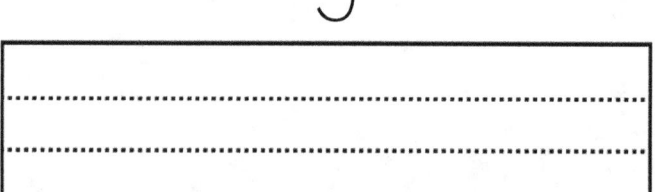

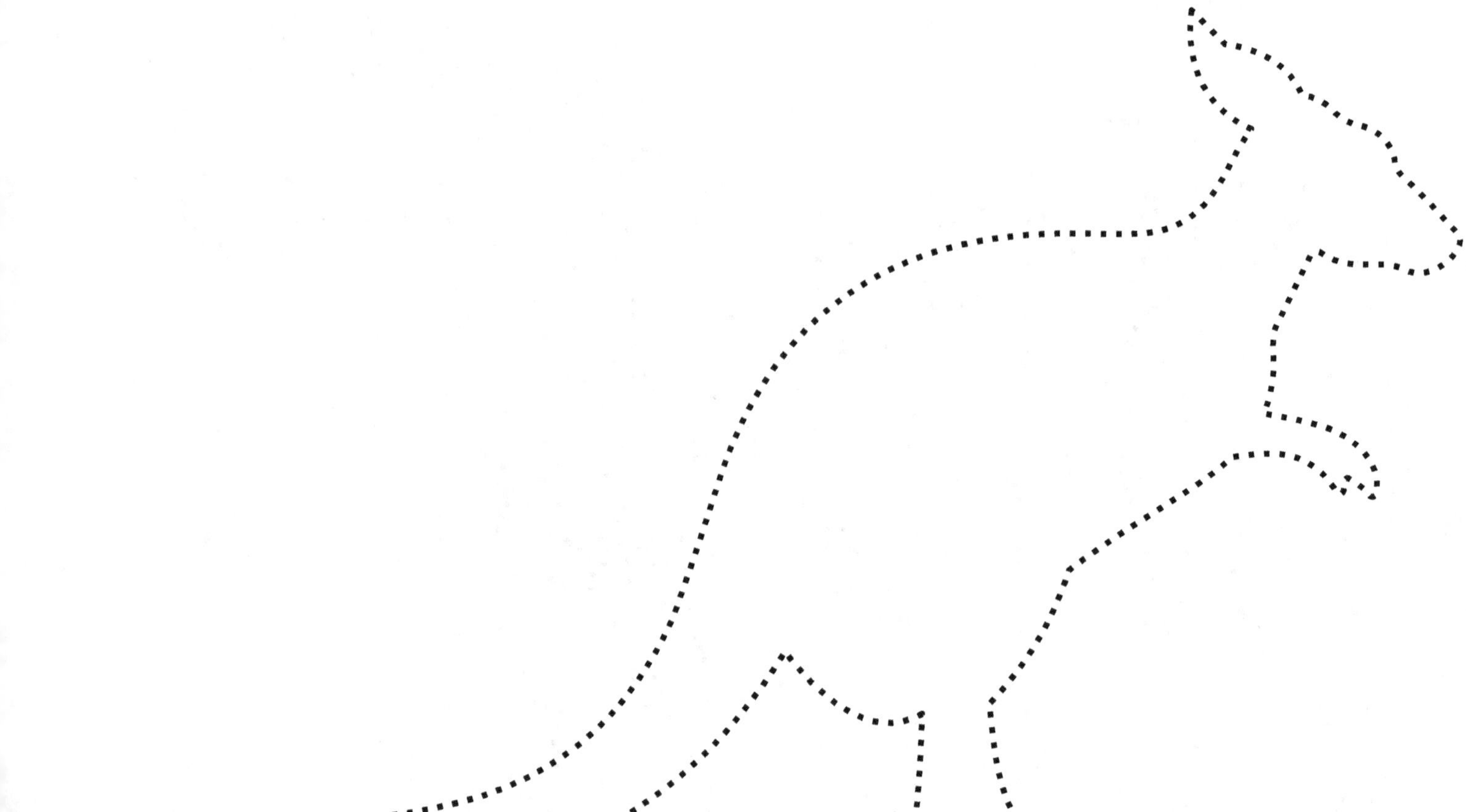

Avestruz

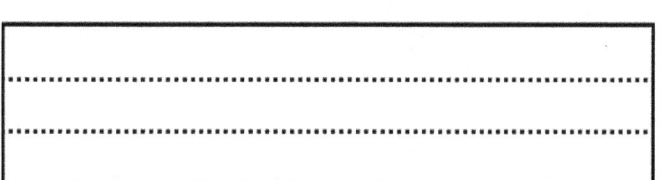

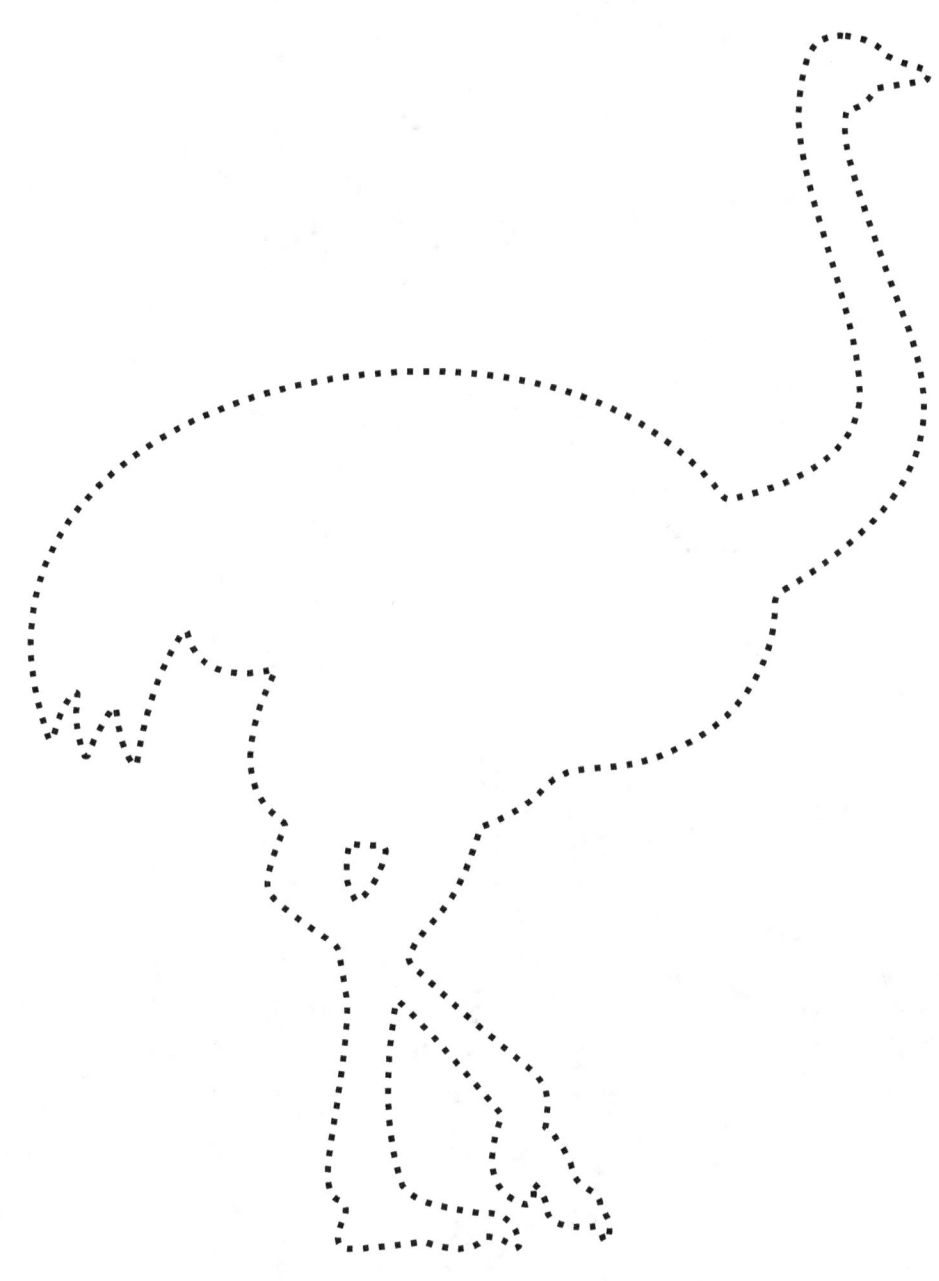

Garza

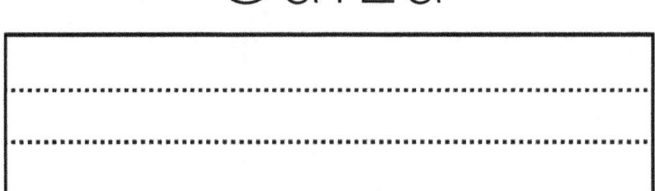

Pavo Real

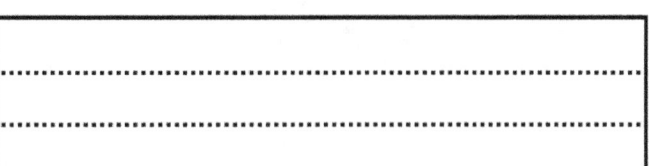

Pingüino

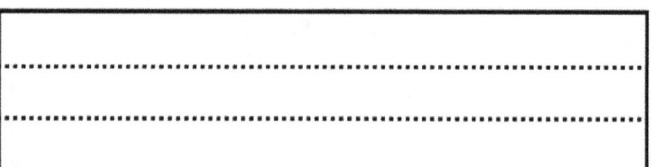

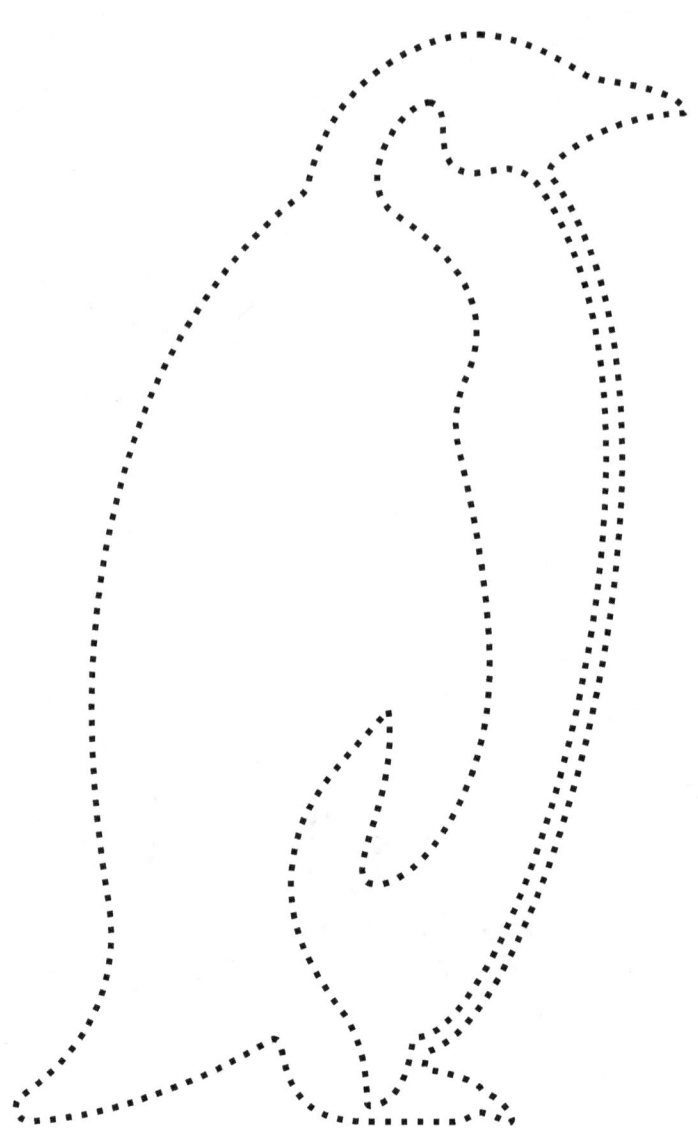

Foca

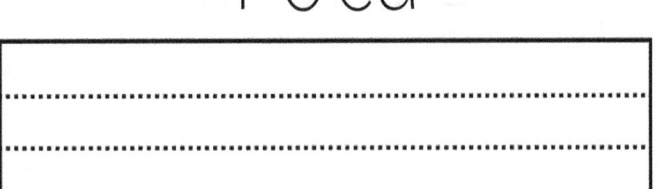

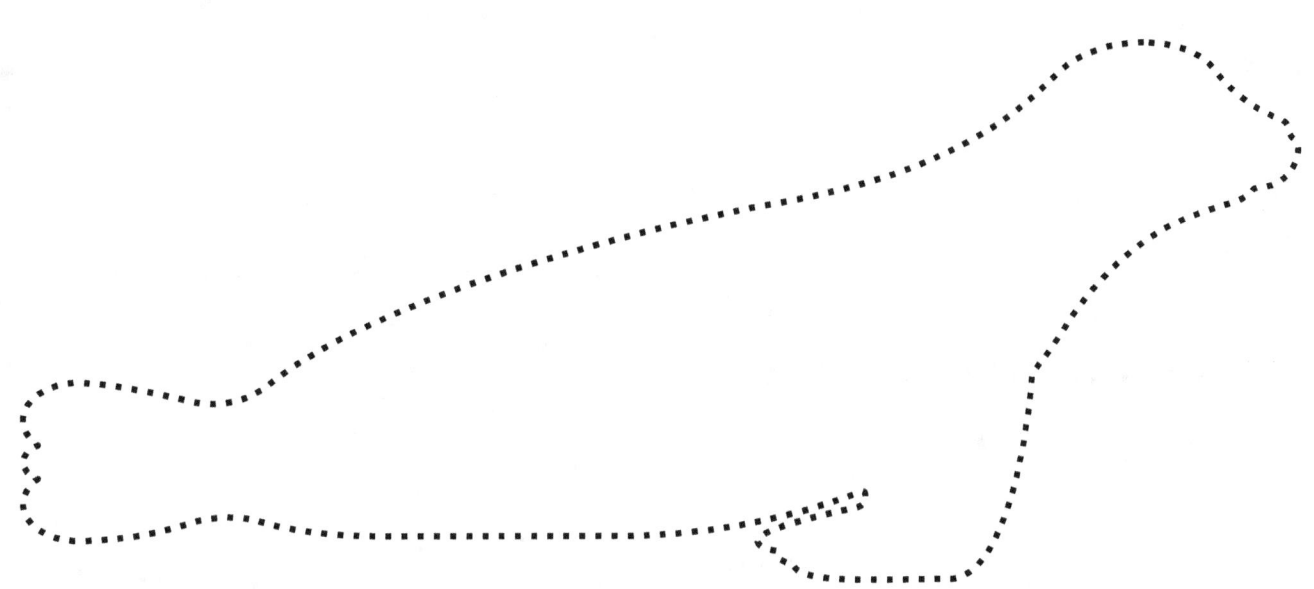

Ballena

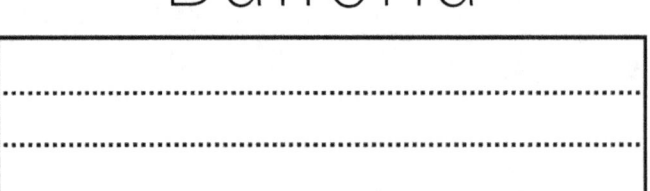

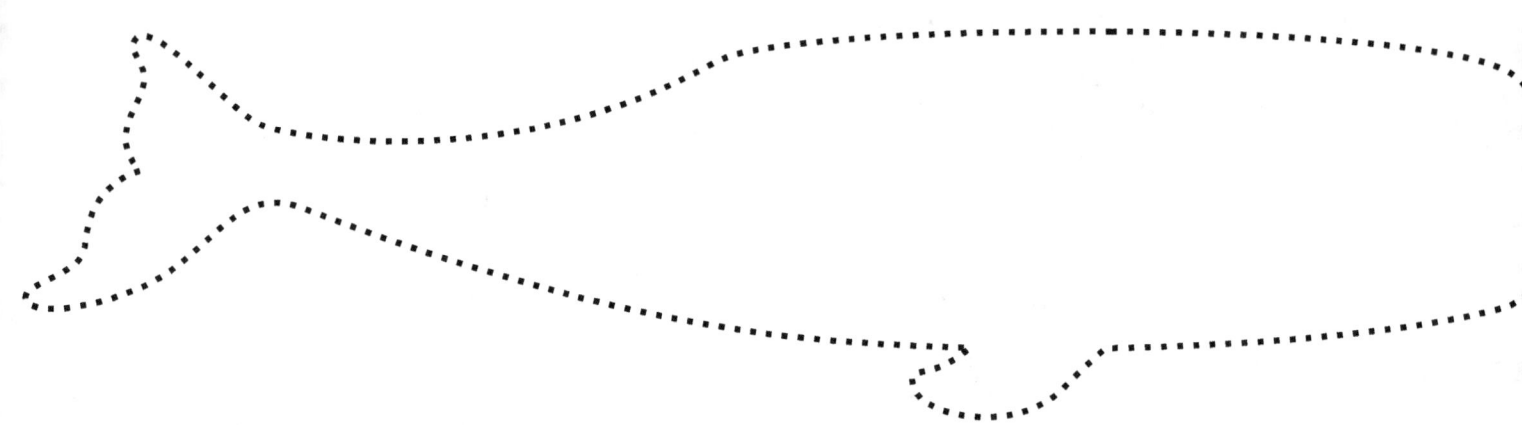

Delfín

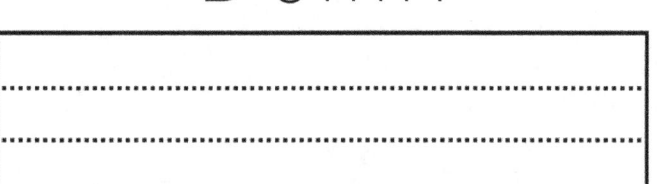

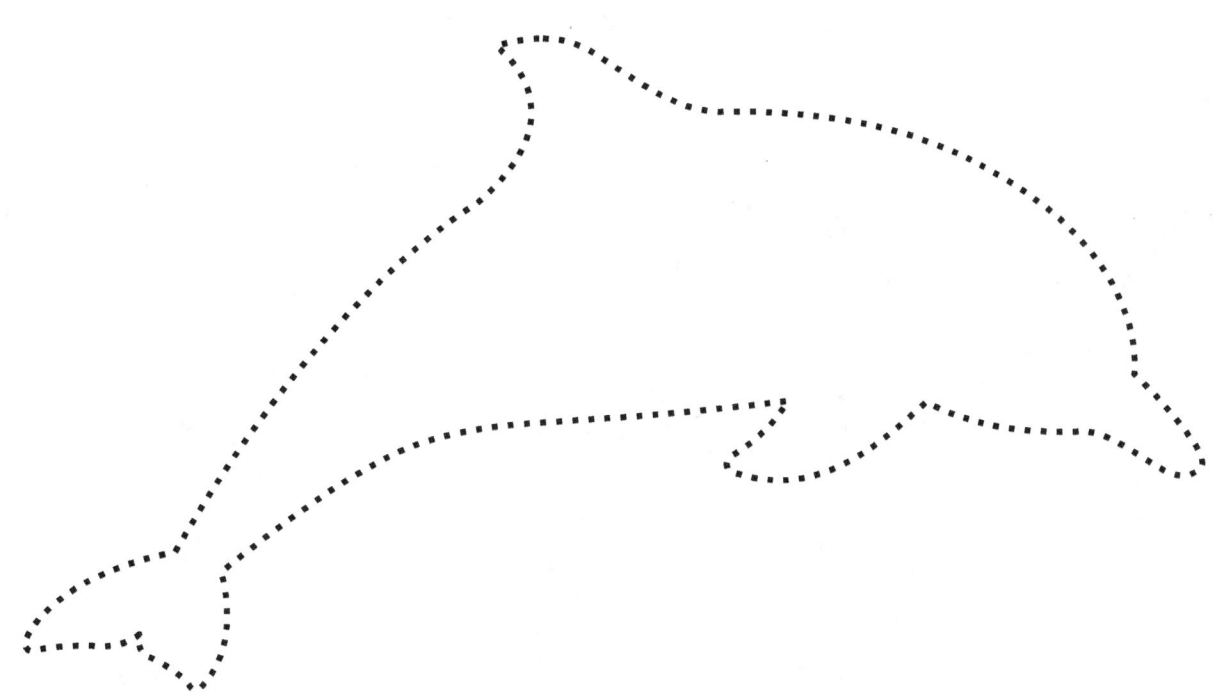

Tiburón

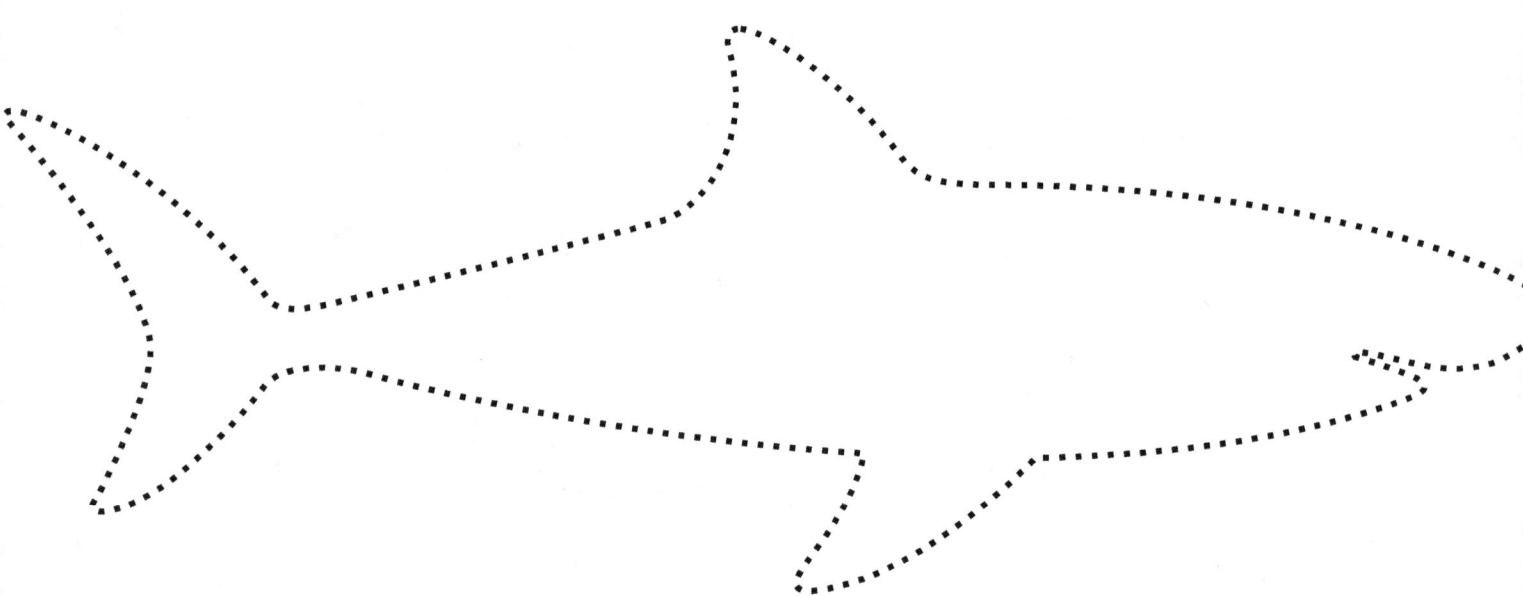

Tortuga

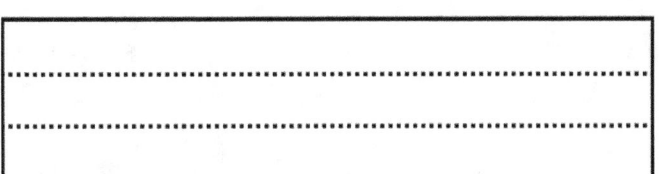

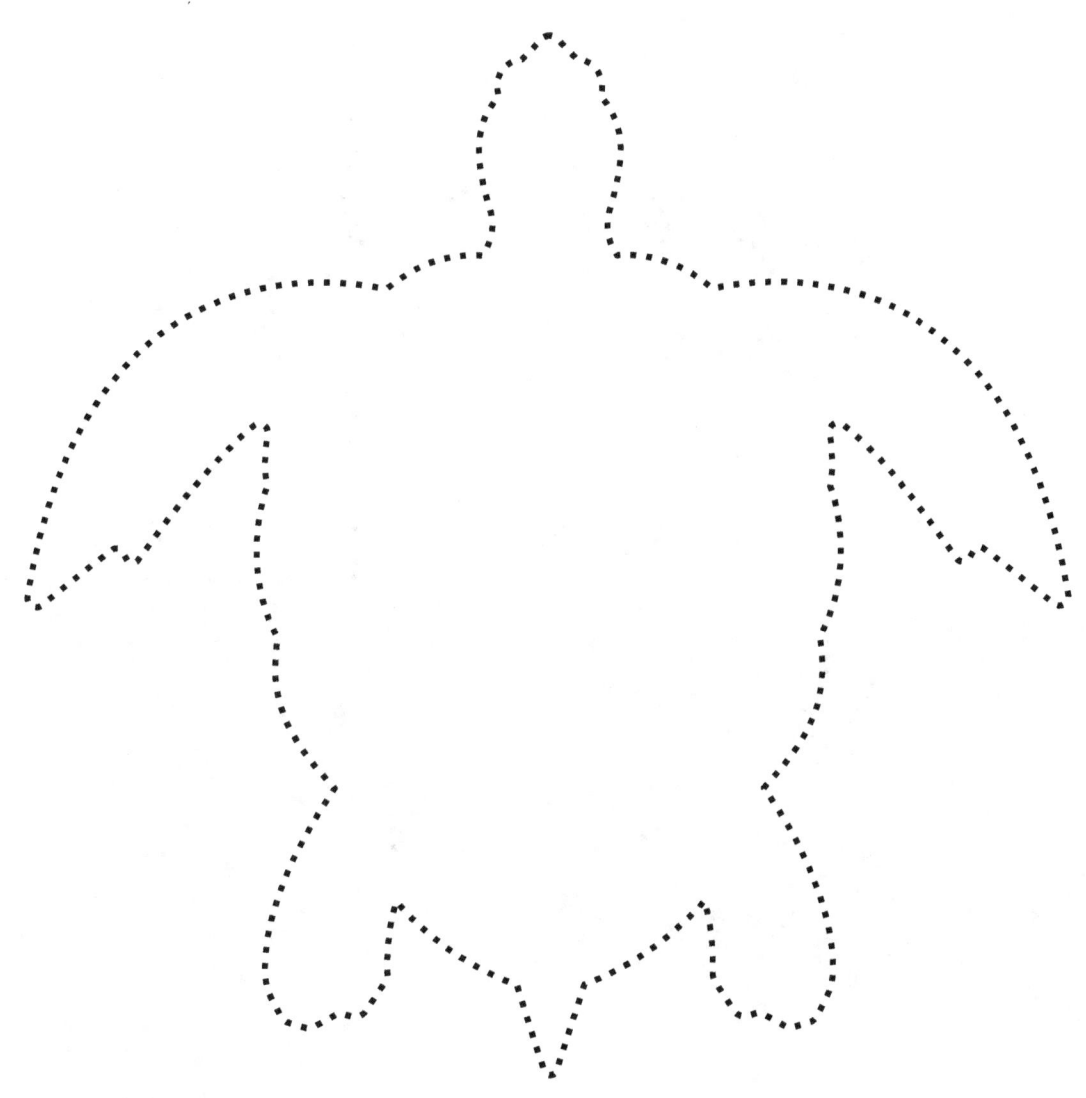

Sapo

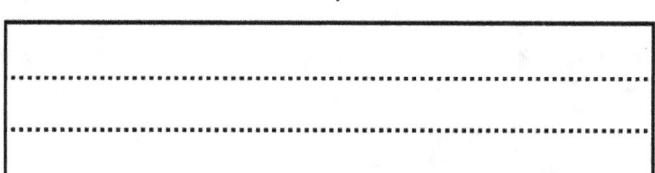

Langosta

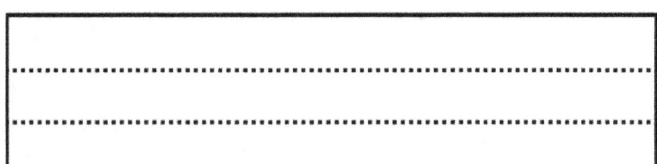

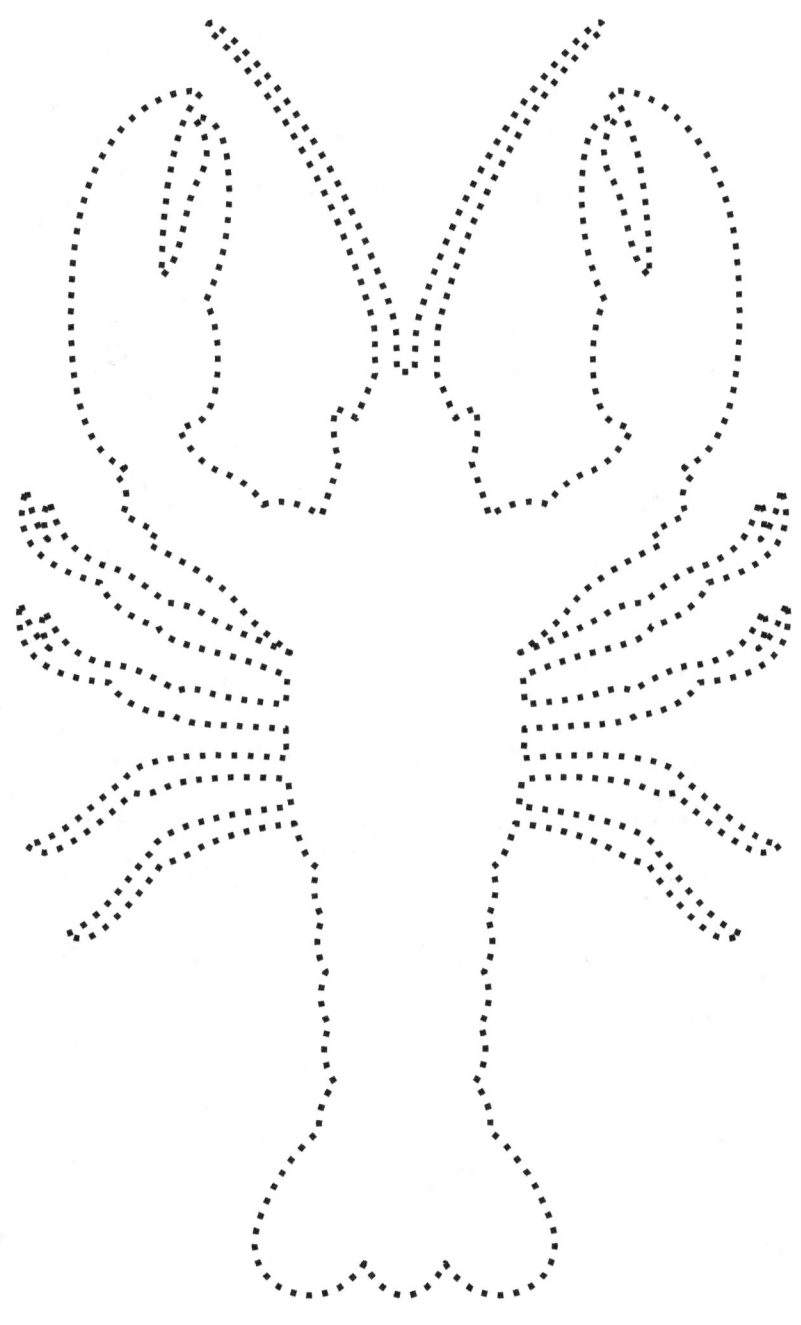

Cangrejo

Saltamontes

Pez

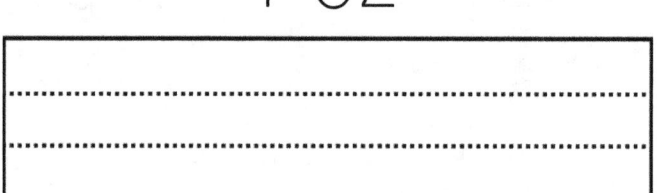

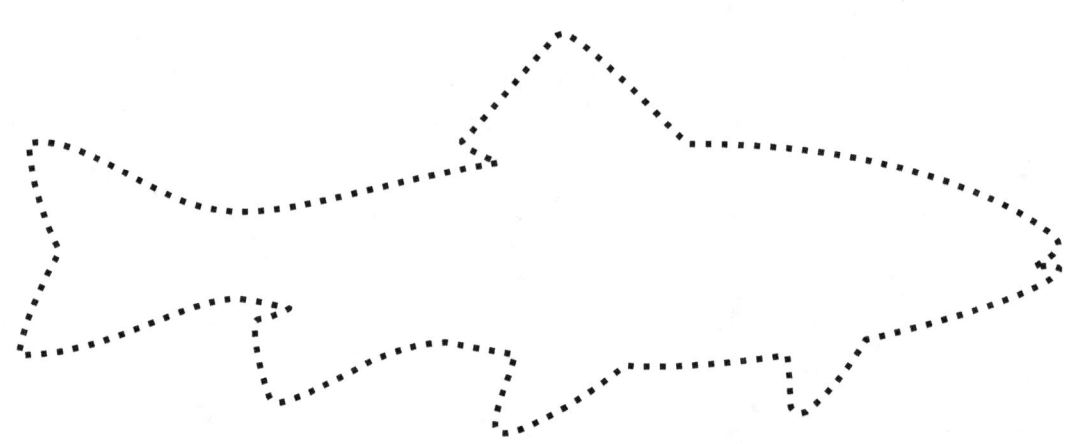

Cocodrilo

Tiranosaurio

www.ingramcontent.com/pod-product-compliance
Lightning Source LLC
Chambersburg PA
CBHW080901010526
44118CB00015B/2225